Vivre au-dessus des difficultés

Junior Pérets

Couverture
https://www.canva.com/design/DAF2ly2sDKw/cukswjkF57xP1dlQLTCSNA/edit
Edition Vision Biosphère

Voir la vie dans toutes ses possibilités

https://www.vision-biosphere.com/

ISBN : 9782958985028

Dépôt légal : Février 2024

Le Code de la propriété intellectuelle n'autorisant, aux termes des paragraphes 2 et 3 de l'article L.122-5, d'une part, que les « copies ou reproductions strictement réservées à l'usage privé du copiste et non destinées à une utilisation collective » et, d'autre part, sous réserve du nom de l'auteur et de la source, que les « analyses et les courtes citations justifiées par le caractère critique, polémique, pédagogique, scientifique ou d'information », toute représentation ou reproduction intégrale ou partielle, faite sans le consentement de l'auteur ou de ses ayants droit ou ayants cause, est illicite (article L.122-4).Cette représentation ou reproduction, par quelque procédé que ce soit, constituerait donc une contrefaçon sanctionnée par les articles L.335-2 et suivants du Code de la propriété intellectuelle. Nous rappelons donc que toute reproduction, partielle ou totale, du présent ouvrage est interdite sauf autorisation de l'Éditeur ou du Centre français d'exploitation du droit de copie (CFC-3, rue d'Hautefeuille-75006 Paris)

En mémoire de notre père André Georges Mbuyi Kalama Mwembia qui a été un repère pour nous. L'homme qui nous a appris à faire la différence entre l'essentiel et l'accessoire. Il y a des gens, tout en étant vivants, peuvent être absents, parce qu'ils n'ont aucun impact. Mais, il y a de gens qui ont eu tellement d'impact qu'ils peuvent être présents malgré leur absence disait Jacques André Vernaud. La mort c'est la fin de quelqu'un qu'on a aimée et le début du chagrin pour d'autres. Ce chagrin qui vient de ce grain d'amour qui a porté ses fruits pendant des années. La mort c'est la fin d'un être cher qui laisse ses proches dans la faim de sa présence. Alphonse de Lamartine a dit : « Un seul être vous manque et tout est dépeuplé. » La mort est la preuve que la présence physique n'est pas le seul élément de l'existence. Jean d'Ormesson a dit : « Il y a quelque chose de plus fort que la mort, c'est la présence des absents, dans la mémoire des vivants ».

À notre mère Henriette Mayamba Mambakasa, celle qui nous a portés dans son cœur, dans ses bras et nous porte toujours dans son cœur. Une mère c'est comme la mer. Elle veut que nous gardions ce qui est pur et rejette ce qui est impur. Dès nos premiers cris, elle a mis tout son cœur et son âme dans nos vies. Une mère c'est le rayonnement de sa famille. Une mère c'est l'énergie qui fait vivre la famille. En physique, on dit que tout corps qui reçoit de l'énergie rayonne. Dans le mot mère, il y a quatre lettres comme le mot ciel. Le ciel c'est l'infini. Chez une mère, les bienfaits sont infinis. Celle qui a pu, à la fois, supporter et dire non à nos caprices.

Certes, il y a des gens qui ont marqué nos vies positivement. Lorsqu'il nous est demandé de citer les héros qui ont marqué nos vies, certains pensent aux gens connus dans l'histoire et leurs domaines de travail ou de leurs passions. Souvent les vrais héros sont à nos côtés. Nous ne nous en rendons pas compte. Souvent la familiarité ne nous fait pas voir l'héroïsme de nos parents. C'est eux qui sont parmi les héros derrière nos réussites. Les parents ne sont pas parfaits, mais ils ont un sain comportement.

Remerciements

Je remercie ici :

Cristina Maria Pereira pour tout son amour à mon égard.

Boutheyna Garbaa pour ses précieuses corrections.

Jean Paul Babungu, Héritier Diniame, Kabeya Mwembia, Berto Y. Malouona Nzouzi, Mélissa Mwembia et Evanhove Madzou qui m'accompagnent dans ce métier passionnant.

Ma famille, le nid à partir duquel j'ai fait mes premiers pas et pris mon envol.

Tous ceux qui m'encouragent et me découragent. Que tous ceux qui se reconnaîtront dans la contribution de cette œuvre trouvent par ces mots l'expression de ma profonde gratitude. J'ai écrit avec vous. Je vous remercie aussi. Je ne saurais pas être plus explicite et plus certain dans le choix de mes mots.

Lorsque l'on ne sait pas faire l'acquisition de la sagesse des expériences du passé, on ne saura pas prévenir le danger de l'avenir. Raymond Aron

Table des matières

Pourquoi j'ai écrit 15

Les responsables 19

Ce que nous sommes 25

Personne n'est à l'abri 29

Votre cas n'est pas unique 35

Tirer des leçons 37

Certaines réactions ne servent à rien 45

    Nier la situation 45

    Se réfugier dans le passé 46

    Se plaindre 47

    Rêver pour un futur 49

    S'absorber et espérer que quelqu'un nous vienne au secours 50

    Affronter la difficulté et la transformer en une chose utile 52

L'humilité 55

Dans la vie, les choses changent 57

Il y a des choses qui dépendent de nous d'autres non 61

Un temps d'amélioration...................................... 63

Une porte pour un avenir meilleur 67

Vivre au-dessus des difficultés 73

    La connaissance.. 76

    Une bonne attitude 77

    Se fortifier et avoir le courage...................... 82

    La persévérance.. 85

Références bibliographiques 95

Vision Biosphère.. 99

Les livres du même auteur 103

Le bilan

Pour moi, la vie est un métier qui s'apprend avec le temps. Nous ne cesserons d'apprendre. En apprenant, on arrive à se dire si je savais. On peut aussi se dire : voici ce que j'aurais appris plus tôt. Avec l'âge, on apprend à faire le bilan. Pour évoluer, il faut évaluer. « Une vie sans évaluation ne vaut pas la peine d'être vécue. » A dit John C Maxwell. On se rend compte de ses erreurs, imperfections et opportunité manquée.

Quand je pense à mon passé. Je comprends que le temps passe vite. Et après je me rends compte que ce n'est pas le temps qui passe, mais c'est nous qui passons. C'est ainsi, une génération s'en va et un autre vient et la Terre subsiste. « La valeur d'une vie n'est pas dans sa durée, mais dans ce que l'on en fait. » A dit John C Maxwell.

Si on fait mal le bilan, on accuse les autres. Nous ne cessons de dire que c'est la faute des autres. On pointe du doigt les autres sans se rendre compte qu'il y a quatre doigts qui sont retournés vers nous. On veut que les autres changent et c'est nous le parfait. Or, rien ne peut changer tout autour de nous tant que rien ne change en nous. Le bilan bien fait nous démontre que nous sommes les responsables de nos vies et que le changement du monde commence par soi-même. Le changement est une porte qui s'ouvre de l'intérieur. Le passé est passé. L'avenir commence maintenant. Aujourd'hui c'est le présent, c'est un cadeau. La bonne gestion de ce cadeau est le gage d'un meilleur avenir.

Pourquoi j'ai écrit

La vie n'est pas un long fleuve tranquille. Les événements qui nous arrivent dans la vie ressemblent à des vagues. Il faut savoir surfer. La vie est difficile, comme nous le savons tous. Toutefois, ce n'est pas notre plus gros problème. Ce sont plutôt nos réactions face aux aléas de la vie. C'est en situation difficile que l'on peut dire, comme Nancy Kawaya : « C'est sûr que la vie nous cache bien des choses et c'est plus tard que l'on s'en aperçoit. » Écrire sur ce sujet ne veut pas dire que je suis amoureux des difficultés ou que je suis à l'abri des difficultés. Personne ne souhaite passer par des difficultés, mais elles font partie de la vie. Elles commencent depuis notre naissance jusqu'à notre dernier jour. Elles commencent dans nos familles et nous suivent dans la société. Qui que vous soyez, chacun a son lot de problème. Les difficultés sont d'une grande contribution dans nos vies. Daniel Kawata considère les difficultés comme une feuille de papier. Le recto c'est la partie souffrante, stressante et déprimante. Le verso ce sont les aptitudes que nous acquérons, la foi, le courage, la persévérance, la vision et autres. Les difficultés sont des moments où l'on se focalise plus sur ce qu'il nous manque que sur ce que l'on a. Elles sont d'ordre personnel, familial, local, national et mondial. Elles peuvent aussi être scolaires, professionnelles, financières, relationnelles ou autres. La vie est dure, souvent cruelle et la souffrance est l'expérience la mieux partagée des humains d'après Frédéric Lenoir.

Nous reconnaissons que c'est une période de grande tentation, nous sommes poussés à faire du mal à soi-même et aux autres pour nous en sortir. Personne n'est à l'abri du manque, des problèmes et autres formes de difficulté. Elles sont des périodes de la vie que personne n'aime. Aujourd'hui, sur internet, certains formateurs et coachs nous promettent une vie sans difficulté et des méthodes pour devenir riches sans effort. Ce qui n'est pas vrai dans la réalité.

Les situations difficiles nous les avons tous vécues. Dans la vie le problème ce n'est pas ce qui nous arrive, mais notre manière de le vivre ou de le gérer. Cette gestion est interne avant de devenir externe. Ce qui nous différencie. Certains se laissent affecter par les événements. D'autres se servent des difficultés pour évoluer et apprendre au lieu de le subir. Nous ne pouvons pas éviter toutes les difficultés de la vie, mais nous pouvons les surmonter. Ce qui n'est pas aussi facile d'une part. Parce qu'il y a de ceux qui se sont suicidés ou ont pris des résolutions à leurs pertes. Ils n'ont pas pu supporter. Nous ne leur en tenons pas rigueur, parce que l'on ne sait pas ce que nous aurions fait à leur place. Il nous faut de la volonté pour surmonter. D'autre part, nous ne pouvons pas seulement vivre une vie de spectateur face à ce qui nous arrive. Il nous faut vivre au-dessus des difficultés. Si vous ne faites que vous apitoyer sur votre sort. Vous n'allez rien faire de votre vie. Les difficultés sont d'un grand apport dans la vie. Nous apprenons de nos difficultés et de celle des autres. La vie est trop courte pour que nous puissions tout apprendre de nous-mêmes. Nos difficultés nous apportent une aide inattendue. Nous devons tirer profit de nos difficultés.

Ce n'est pas une réflexion qui retrace les causes et les origines des difficultés, mais permet de connaitre et de rappeler ce qu'elles nous apportent comme enseignements. Elle nous permet de vivre au-dessus des difficultés. Pour se faire, il nous faut comprendre la difficulté, ce que nous apprenons pendant ce moment et mettre en place des stratégies.

Voici les motivations qui m'ont amené à écrire :

- Dale Carnegie a dit : « Les idées les plus brillantes au monde sont sans valeur si vous ne les partagez pas ».
- Périclès a dit : « Celui qui a des idées et ne sait pas les faire passer n'est pas plus avancé que celui qui n'en a pas ».
- Rick Warren a dit : « Si on ne parle pas d'une chose, on en perd le contrôle ».
- Paul Arden a dit : « Partagez tout ce que vous savez, vous apprendrez plus ».
- L'important est de ne pas laisser les bonnes idées vous filer entre les doigts. Une bonne idée peut changer le cours de votre vie et celle des autres si vous savez la capter.
- Un livre peut renseigner et faire évoluer quelqu'un.

Les responsables

Il est à noter qu'il y a des difficultés pour lesquelles nous sommes responsables, d'autres, non. Le problème, comme toujours, est notre réaction ou notre manière de gérer les difficultés qui nous arrivent souvent brusquement. On ne récolte que ce que l'on a semé, consciemment ou inconsciemment. Tout acte produit des effets, toute action entraîne une réaction. On considère les autres comme responsables des difficultés actuelles. On veut toujours établir les responsabilités. On doit identifier les causes et faire tout ce qui est en notre pouvoir pour les surmonter. Ce qui n'est pas mauvais d'une part, mais nous nuit lorsque nous oublions que nous sommes responsables. On pointe du doigt alors que quatre doigts se retournent contre nous. Souvent, on aime dire : à qui la faute ? On préfère jouir de son pseudo confort plutôt que de se regarder soi-même et on croit toujours avoir des excuses. On accuse les autres dans certaines circonstances de la vie, tout en oubliant que ce que les autres peuvent faire de nous dépend de notre consentement. On dit toujours : « c'est la faute de », au lieu de s'en prendre aux vraies causes de la situation. On peut établir les responsabilités, mais parfois les réponses ne sont pas la fin de l'histoire. Thomas Sammut a dit : « Accepter d'être les responsables de nos comportements est salvateur. Cela veut dire que le changement dépend de nous. » Il y a des choses qui dépendent de nous et d'autres non. Frédéric Lenoir ajoute ceci : « Le refus de la réalité redouble notre souffrance. La crise est une question qui ne se répond que par la responsabilité de l'homme comme tout le reste des questions de la vie. » Hal Elrod a dit : « Quelle que soit votre situation passée ou actuelle, cela implique d'abord d'accepter l'entière responsabilité de chaque aspect de votre vie et de refuser de rejeter la faute sur les autres. Le degré d'acceptation de votre responsabilité pour tout ce qu'il vous arrive dans votre vie correspond précisément à la force de votre mental pour changer ou créer quelque chose dans votre existence. »

Si nous n'avons pas le choix de ce que nous vivons, nous avons toujours le choix de comment nous le vivons. Chacun de nous est responsable de ses choix, de son comportement et des résultats obtenus. Il y a ceux qui sont atteints par ce qu'Anthony nomme syndrome du Niagara. Les gens se laissent conduire comme la chute d'un cours d'eau. Lorsqu'on leur pose la question sur la situation de leur vie, ils répondent que c'est le destin. En d'autres termes, ils se laissent tomber comme une feuille morte, emmenés par les courants du passé. Dans cette situation, Thomas Sammut a dit : « Notre avenir ne sera qu'une éternelle répétition de ce que nous connaissons déjà (c'est le propre de la situation de la victime, cherchant sans cesse des excuses pour expliquer ce qui ne va pas...), à moins que nous nous servions lucidement de notre passé pour créer en conscience notre avenir. »

Rejeter la faute sur les autres, sur notre environnement, sur d'autres facteurs extérieurs, c'est décider de leur donner une emprise sur nous. Nous choisissons soit de vivre notre vie, soit de laisser les autres la vivre à notre place. J. C. Maxwell a dit : « Dans notre société, il est populaire de croire que nous sommes les victimes de nos situations ». Voir les autres comme responsables nous empêche de faire une introspection pour tirer des leçons pour apprendre. Au lieu de voir les autres comme source de nos difficultés, nous ne devons pas oublier qu'ils ont des choses à nous apprendre au lieu d'être nos boucs émissaires. Chaque jour qui passe, nous avons quelque chose à apprendre. Ce que nous apprenons, nous en sommes les seuls bénéficiaires. Reconnaître notre responsabilité nous permet d'apprendre afin de trouver la solution, reconnaître notre responsabilité. C'est aussi reconnaître que l'on peut se tromper. Il est nécessaire d'accepter la réalité. Lorsque vous êtes en difficulté, chercher un bouc émissaire ne changera pas la situation. Pour certains problèmes que nous avons dans notre monde aujourd'hui, la cause est l'absence d'humilité. Le Centre national des ressources textuelles et lexicales (CNRTL) définit l'humilité comme la disposition à s'abaisser volontairement (à faire telle ou telle chose) en réprimant tout mouvement d'orgueil par votre sentiment de faiblesse.

Dans la vie, tout ce que l'on veut ne s'obtient jamais sans effort. La vie n'est pas seulement difficile pour vous, mais pour tout le monde. Voir la vie facile pour les autres n'est qu'une mauvaise impression de la vie. Il est inutile de blâmer et de condamner vos parents ou toute personne qui vous a fait du mal au cours de votre vie. Il est temps de quitter votre rôle de victime. Prendre ses responsabilités est la qualité la plus importante pour toute votre vie. Selon Yvan Castanou : « Chaque fois que vous blâmez quelqu'un d'autre pour ce que vous êtes aujourd'hui, vous êtes, sans le savoir, en train de transmettre à quelqu'un d'autre la responsabilité de votre vie. Vous conférez implicitement à cette personne le pouvoir de vous contrôler à distance. » Dans la vie, nous avons le choix d'assumer ou de fuir nos responsabilités. Ne pensez jamais que ce que vous devez être et avoir se trouve chez quelqu'un d'autre. Chacun dans la vie a sa part.

Frédéric Lenoir recommande : « N'attendons donc pas des gouvernements qu'ils soient le fer de lance du changement ; ils peuvent jouer un rôle utile d'éducateurs, mais les vraies mesures ne seront prises que parce que les citoyens seront prêts à les adopter dans leur vie quotidienne ». Je ne dédouane pas le gouvernement de ses responsabilités.

Lorsque nous n'assumons pas nos responsabilités, nous développons la mentalité de victimes et notre vision de la vie devient erronée et irréaliste. Nous ne pouvons pas bâtir une vie sur des excuses et des tonnerres d'accusation en espérant sortir de nos difficultés. Ceux qui prennent leurs responsabilités acceptent leurs erreurs et ne les répètent plus.

D'après Frédéric Lenoir : « La sagesse nous invite à cesser d'accuser la vie, ou les autres, et à prendre notre vie en main en comprenant que la plupart de nos souffrances pourraient être évitées si nous changions la représentation que nous avons de nous-mêmes ou du monde ».

Ce que nous sommes

Ce n'est qu'un être humain qui peut connaitre des difficultés pas un arbre comme le dit une sagesse Congolaise. Ceci se dit, souvent lorsque l'on se plaint de sa situation. Les moments de difficultés sont des moments de révélation, ils nous révèlent nous-mêmes. Parfois, nous avons de bonnes ou mauvaises opinions de nous-mêmes, une haute ou une basse opinion. Qui sommes-nous réellement ? Ils nous révèlent la fragilité de l'homme ou ses forces. Ils nous révèlent les autres. Ce que les autres sont réellement pour nous. Devant nos difficultés, ne soyons pas prompts à nous plaindre. C'est ici que nous reconnaissons la vraie valeur de l'être humain et des choses. Lors d'un échange avec un de mes oncles, il m'a dit : « Mon petit, il y a deux choses que je n'aime pas dans la vie : la séparation et les conflits. Nous devons être unis ». Nous vivons actuellement dans une génération où les relations humaines perdent leur valeur. On ne s'entend pas à cause des « on dit » et quelquefois, pour rien. Mais s'il vous arrivait de perdre quelqu'un qui vous a été cher, vous connaitriez la valeur de chaque humain. J'ai écrit un livre sur les relations humaines intitulé :

Comment réussir avec les autres (les relations humaines comme une arithmétique). Dans l'un de chapitres, j'ai écrit ceci : « Dans une relation il y a quatre opérations de l'arithmétique : une addition de nos différences, une soustraction de la solitude, une multiplication de nos capacités et une division de nos responsabilités ». Dans la vie nous avons toujours besoin des autres. Sur mon compte YouTube (Vision Biosphère). J'ai une vidéo intitulée : *L'apport des relations humaines*. L'homme est un être social. Il ne faut pas attendre de perdre quelqu'un pour reconnaître son importance. Le succès, la réussite et la célébrité nous croyons que c'est grâce à nous seul, mais c'est notre entourage, notre équipe. Pourquoi il y a des joueurs qui brillent en club, mais au sein d'une équipe nationale deviennent l'ombre d'eux-mêmes et vice versa ? Souvent, nous pensons et croyons que c'est nous ; or ce sont les autres qui nous aident. Reconnaissez les gens qui sont tout autour de vous, dites-leur combien ils comptent pour vous malgré les difficultés. Vous trouverez toujours quelque chose de bon à complimenter chez un être humain. N'attendez pas de faire des oraisons funèbres avec des envolées oratoires. Soyez reconnaissant à l'égard des autres. Il arrive souvent, lorsque vous avez quelque chose, vous n'en reconnaissez pas la valeur. Une fois que vous ne l'avez plus, c'est alors que vous en connaissez la valeur. En cas de difficulté, pour vous en sortir il n'y a qu'un être humain qui vous aidera. Ce n'est pas seulement pour les situations difficiles. C'est pour la vie en général. Paulo Coelho a dit : « La difficulté est le nom d'un vieil outil pour nous aider à définir ce que nous sommes ».

Pendant nos difficultés, nous voyons ceux qui sont réellement avec nous en toute circonstance, ceux sur qui nous pouvons compter pour la vie. Nous comprenons notre vulnérabilité. C'est un moment où on apprend la solitude. Un moment qui permet de réfléchir et faire connaissance avec soi ou de se connaitre. Nous apprenons aussi que tant que les difficultés que nous avons ne nous ont pas tuées, il y a de l'espoir. Il y a de l'espoir pour ceux qui vivent.

Personne n'est à l'abri

Personne ne se réveille un matin pour commettre une erreur, vivre des difficultés ou un accident. Ce n'est pas l'argent qui nous protège des difficultés, ni le niveau social, ni le métier, ni le talent. Le succès, les honneurs, le pouvoir, la célébrité et l'argent arrivent à nous distraire en nous faisant croire que nous sommes invulnérables et nous faisant oublier la nature humaine. Nous sommes différents, mais tous humains. Ne vous moquez pas de ce dont les autres manquent et que vous possédez. Parce qu'un jour vous pouvez aussi le perdre.

Il y a ce que Thomas Sammut appelle « le mythe de l'homme supérieur ». Un mythe, c'est une croyance erronée sur un sujet ou sur une personne, une tendance à exagérer ou à ignorer les compétences et les vertus d'une personne ou d'une chose, selon Athoms Mbuma. C'est l'image que nous avons des sportifs de haut niveau et des cadres dirigeants. Nous pensons à des superstars intouchables, inatteignables, que nous voyons comme des personnes exceptionnelles, affirmées, fortes et douées. Dans mon enfance, il y avait deux chanteurs congolais dont je ne citerai pas le nom. Je me posais la question : est-ce qu'un jour eux aussi allaient mourir ? Je ne voyais pas comment la maladie ou la mort passeraient par leur corps. Avant que je n'atteigne mes 20 ans, les deux sont morts, l'un après un cancer et l'autre d'une crise cardiaque. Le mythe de l'homme supérieur n'est que dans notre imaginaire, pas dans la réalité. D'autre part, ce mythe nous handicape en nous faisant croire que nous sommes incapables et que les autres sont plus capables que nous. Thomas Sammut dit : « Il ne faut pas se laisser duper par le mythe de l'homme supérieur. Aucun être humain ne naît supérieur. »

Souvent, dans la vie, lorsque quelqu'un commet une erreur ou vit des moments difficiles, il y a ceux qui compatissent et d'autres qui se moquent. Souvent, ceux qui se moquent pensent que certains événements n'arrivent qu'aux autres, moi-même y compris. Avant que je ne me rende compte que tout ce qui peut atteindre les autres peut aussi m'atteindre. Tant que nous vivons, tout peut arriver, personne n'est à l'abri, quel que soit l'âge, la coloration de la peau et le statut social. Je ne sais pas ce qu'il en est de vous, mais moi, j'avais toujours critiqué les autres sans pour autant savoir que cela pourrait aussi m'arriver. Il y a un proverbe africain qui dit : « Il ne faut pas se moquer de quelqu'un qui se noie, lorsque toi-même tu n'as pas encore traversé la rivière ». L'un des signes graves de l'immaturité, c'est de penser qu'on peut faire mieux que quelqu'un sans être dans sa condition, a dit Athoms Mbuma. Nancy Kawaya a dit : « C'est facile de juger les autres, mais s'autojuger correctement est souvent très difficile, voire impossible ». Voici quelques encouragements pour ceux qui subissent les moqueries. Daniel Kawata a dit : « Celui qui se moque de toi n'a pas de solution pour toi, mais c'est toi qui en as. Si les autres ont le droit de vous minimiser, vous, vous n'avez pas le droit de vous minimiser. » Un moqueur pense être déjà arrivé. Il ne fait plus rien. Il se croit parfait. Tandis que celui qui est l'objet de moqueries se remet en question. Il se perfectionne. Dale Carnegie a dit que dans toute critique, il y a un compliment voilé.

La plupart des gens se croient invulnérables, jusqu'à ce qu'ils vivent ce qu'ils ne croyaient pouvoir arriver qu'aux autres. Quelqu'un a dit : « Il n'y a pas de nouvelle gaffe, il n'y a que de nouveaux gaffeurs ». Celui qui n'apprend pas des erreurs des autres va les répéter et deviendra une référence négative, a dit Roland Dalo. Nous devons approcher les autres pour pouvoir nous prévenir de ce qu'ils vivent. Il y a un célèbre proverbe ivoirien qui dit : « Quand la case de ton voisin brule, hâte-toi de l'aider à éteindre le feu de peur que celui-ci ne s'attaque à la tienne ». On dit souvent : « Mieux vaut prévenir que guérir ». Il faut aider ceux qui font des erreurs et vivent dans des situations difficiles. Les moqueries et les railleries découragent certains, alors que pour d'autres, c'est une source de courage. Ceux qui sont victimes de moquerie cherchent à s'améliorer pour que la prochaine fois, elle se transforme en félicitations.

Lorsque les difficultés commencent chez les autres, ne vous croyez jamais invulnérable. Elle peut aussi vous arriver. Notre réaction doit être l'humilité, car elle précède la gloire. L'orgueil précède la chute. Ne vous dites pas qu'elle ne vous arrivera pas. Dans la vie, il n'y a pas de frontières face aux événements heureux ou malheureux. Tant que nous aurons cette nature humaine, nous serons toujours vulnérables. Si vous étiez invulnérables, les différents types d'assurances n'existeraient pas. Les causes d'une difficulté peuvent être connues, mais cela n'empêchera pas qu'il en existe d'autres, car ce n'est pas la connaissance des causes qui justifie l'inéluctabilité. C'est ce qui arrive lorsqu'on veut savoir l'origine des situations difficiles chez les autres. Si vous avez réussi là où les autres ont échoué, ne vous dites pas que vous êtes supérieur à ceux qui ont échoué ; vous avez réussi, parce que vous avez observé leurs erreurs et échecs pour pouvoir réussir.

C'est ici qu'il faut comprendre qu'on peut avoir une meilleure vie, mais c'est en se croyant toujours invulnérable qu'on aura un présent et un futur malheureux. On ne dit pas de chercher à tout savoir pour se prévenir, mais il faut ouvrir l'œil sur ce qui arrive aux autres. Au lieu de se moquer, soyons compatissants et tirons des leçons. C'est ainsi que l'on voit souvent des gens ne pas s'intéresser à ceux qui ont des problèmes. Or on oublie que ce qui arrive à l'autre peut aussi nous arriver. Si vous voyez une personne dans des difficultés ou commettre des erreurs, c'est un avertissement pour vous même. Tout le monde nous est proche. La souffrance des autres nous concerne aussi.

Votre cas n'est pas unique

Vous n'êtes pas le seul à vivre les difficultés. La vie n'est pas facile, c'est-à-dire que dans tout ce que nous faisons, il n'y a rien qui puisse se faire sans adversité. De ce fait, il n'y a pas de situation intermédiaire. Soit on se laisse abattre, soit on se lève pour s'en sortir. Lorsqu'un étudiant échoue dans une faculté, souvent il la quitte pour une autre. Il se trouve toujours face à des défis. Ainsi, on commence à croire que pour les autres c'est facile et que ce n'est que pour soi-même que ça devint difficile. Un jour, au cours d'une conversation avec un condisciple en première année d'université, je lui disais que ce n'était que lorsque j'avais présenté les examens pour obtenir le bac que beaucoup d'élèves avaient échoué. Alors que toutes les années, il y a des élèves qui échouent au bac. Lorsque j'étais en première année à l'université, je rencontrais des difficultés à payer les frais académiques. Il arrivait qu'à la maison, nous n'ayons rien à manger et pour aller à l'université, je devais faire au moins deux heures de marche et l'université se trouvait sur une colline. Ce n'est qu'après que j'ai compris que tout le monde a des problèmes et des difficultés à son niveau. C'est ainsi qu'il n'est pas important ni nécessaire de se plaindre, quand bien même cela arrive souvent. S'il était demandé à tout le monde de parler de son problème, chacun de nous saurait qu'il y a des hommes qui ont plus de problèmes que lui. Selon l'ancien amiral de l'US Navy William H. McRaven : « La vie est ponctuée de moments difficiles, mais il y aura toujours quelqu'un pour qui c'est encore plus dur. Si vous vous contentez de vous apitoyer sur votre sort, de vous plaindre de vos déboires, d'en vouloir aux circonstances ou aux autres, alors votre existence sera longue et pénible. » Il nous arrive de nous plaindre. Mais se plaindre n'est pas une fin en soi. Il faut penser à comment s'en sortir. Parce que dans la vie on trouvera toujours plus malheureux que soi.

Tirer des leçons

Il y a des choses que vous commencez à apprendre avec l'âge. La vie elle-même est une école. Elle est aussi un lieu, un cadre d'acquisition et de transmission des connaissances. Même si on n'est pas allé à l'école. Mais si on a vécu quelques années, on arrive à accumuler des connaissances. On arrive à connaitre les résultats de certains actes à l'avance sans être prophète. La vie est une école sans auditorium, sans tableau, sans véritable professeur, sans étudiants, mais un cadre de transmission et d'acquisition de connaissance. Alain de Botton a dit : « celui qui n'a pas honte de ce qu'il était l'année passée n'apprend probablement pas assez ».

Les difficultés nous permettent une remise en question. Elle nous permet de nous interroger sur nos choix et nos décisions. Cela ne veut pas dire à chaque fois que vous êtes dans les difficultés que vous êtes sur la mauvaise voie. S'il en était ainsi, Abraham Lincoln ne serait jamais devenu président des États-Unis. Voici son histoire racontée par William Mac Donald : « Un homme aux États-Unis avait échoué dans les affaires. Il s'est présenté aux élections et a perdu.

Il s'est à nouveau lancé dans les affaires et a fait faillite. Finalement, après avoir été élu, il a souffert d'une dépression nerveuse au cours des dix années qui ont suivi. Toutes ses tentatives pour être élu comme porte-parole représentant et membre du congrès ont échoué, il n'a pas été élu une deuxième fois. Il a tenté de devenir sénateur, en vain. L'année suivante, il a été battu lors des élections à la vice-présidence. Il a fait une nouvelle tentative pour entrer au Sénat et a subi un nouvel échec. Finalement, après tous ces revers, il est devenu président des États-Unis. Son nom est Abraham Lincoln. » Cet exemple est une démonstration de la persévérance.

La même histoire par Anthony Robbins :
« Il fit faillite à l'âge de 31 ans,
Il fut battu aux élections législatives à 32 ans,
Il fit de nouveau faillite à 34 ans,
Il vit mourir sa petite amie à 35 ans,
Il eut une dépression nerveuse à 36 ans,
Il fut battu aux élections locales à 38 ans,
Il fut battu aux élections au congrès à 43 ans,
Il fut battu aux élections au congrès à 46 ans,
Il fut battu aux élections au congrès à 48 ans,
Il fut battu aux élections au Sénat à 55 ans,
Il ne put s'inscrire aux élections à la vice-présidence à 56 ans,

Il fut battu aux élections au Sénat à 58 ans,
Il fut élu président des États-Unis à l'âge de 60 ans. Cet homme s'appelait Abraham Lincoln. »

Les études sont difficiles. La plupart des diplômés de n'importe quelle formation sont passés par cette étape. Un jour dans un restaurant de l'autre côté du comptoir, on montrait à un apprenti comment couper du pain. Son maître lui faisait savoir que de la manière dont il le faisait il avait plus des risques de se blesser. Nous coupons tous le pain, mais chez nous, pour un restaurant il y a de grandes quantités à couper. Il faut donc la bonne méthode pour couper avec rapidité et sans risques de blessure. Combien même c'était difficile pour cet apprenti, cela n'était pas une raison valable et suffisante pour abandonner.

Pour tirer des leçons, il faut l'ouverture d'esprit. C'est la capacité d'apprendre, de désapprendre et de réapprendre. Certaines difficultés résultent seulement de notre ignorance de départ. On ne peut pas récolter des roses sans épines. Nous maîtrisons nos choix et nos décisions, mais nous ne maîtrisons pas leurs conséquences. Chaque fois que vous faites quoi que ce soit, il y a une dose des difficultés. Ceci pour que vous ne puissiez pas être fataliste. Nous apprenons lorsque nous réfléchissons. On dit souvent que l'expérience rend sage. L'expérience ne rend pas sage. Mais c'est la réflexion sur l'expérience qui rend sage. Si c'était l'expérience qui rend sage, certains problèmes ne se répéteraient plus. Nous sommes dans la génération de l'immédiateté : ici et maintenant. La réflexion devra être notre associée de tous les jours. On n'apprend que par la réflexion. Frédéric Lenoir a dit : « Il ne faut pas que le réflexe remplace la réflexion ». Laurence Beffara ajoute ceci : « Le problème est qu'à notre époque et dans notre société, nous réfléchissons de moins en moins et nous laissons les autres le faire ». Il faut se donner le temps pour réfléchir, mais pas une éternité. John C. Maxwell a dit : « La plupart des gens préfèrent agir plutôt que réfléchir. Ceux qui ont acquis l'habitude de réfléchir connaissent la réussite. » Les difficultés, comme les autres périodes de la vie, exigent une réflexion. Tant que nous n'allons pas réfléchir sur les difficultés qui nous arrivent et à d'autres, ces difficultés vont perdurer. Il ne faut pas réfléchir pour réfléchir, mais pour trouver la solution. La réflexion sans action est une distraction.

Les difficultés sont des moments de formation accélérée. Quelqu'un a dit ce que vous ne voulez pas apprendre dans le calme, vous allez l'apprendre dans les larmes. Ce que vous apprenez pendant les moments difficiles vous allez l'apprendre nulle part. Il y a des difficultés que nous pouvons éviter en apprenant des difficultés d'autres personnes, mais nous n'y prêtons pas souvent attention. Une leçon mal apprise est toujours à reprendre. Comme le disait le poète Lutumba : si un enfant à qui l'on interdit de toucher le feu ne veut pas écouter ou comprendre, laissez-le. Le jour où il va se bruler et comprendre. Ce qui veut dire il y a de ces choses que l'on apprend ou comprend que lorsque l'on expérimente. L'existence des assurances, airbags, paratonnerres, parapluies et autres est une preuve que nous avons déjà appris des difficultés. Nous aurons des inventions pour avoir la solution à nos difficultés parce que nous continuerons d'apprendre de ces dernières. Dans les difficultés, nous apprenons qui nous sommes, ce que les autres sont et ce qu'est la vie. Connaitre des difficultés ne veut pas dire que l'on est moins que les autres. C'est juste une période passagère. John C Maxwell donne le conseil suivant : « Les gens disent qu'il existe deux types d'apprentissages : l'expérience, que l'on gagne en faisant des erreurs, et la sagesse qui s'acquiert grâce aux erreurs des autres. Je vous recommande d'apprendre le plus possible grâce aux erreurs des autres. Vous apprenez les choses à faire et à ne pas faire. » Nous tirons des leçons que lorsqu'on cesse de chercher le bouc émissaire. On reconnaît sa part de responsabilité. Les causes des difficultés nous aident, mais ce n'est pas toujours la fin de la situation.

Bernard Werber a dit : « La vie est comme un livre, ne jamais sauter aucun chapitre et continuer de tourner les pages, tôt ou tard on comprendra pourquoi chaque paragraphe était nécessaire. Si les douleurs de cette saison sont insupportables retenez les leçons et construisez votre lendemain avec les briques de cette douleur, ça finira par produire, un jour ou l'autre, un château de joie. Ça n'a pas été facile, mais jusque-là nous tenons. » La difficulté est une bonne école. Celui qui a été à une bonne école aura une bonne capacité de jugement. La souffrance est le seul moment de la vie où nous apprenons ce qu'on n'a pas pu apprendre ailleurs. L'unique école qui n'échoue pas dans la formation de l'être humain, c'est la souffrance.

C'est une incroyable source d'apprentissage sur soi-même, sur les autres et la vie.

Certaines réactions ne servent à rien

Notre état d'esprit ne tient qu'à nous. Il y a plusieurs façons de réagir face à une situation difficile. Nous en avons trouvé six.

Nier la situation
Peter Drucker a dit : « Les périodes de turbulences ont leur lot de dangers, dont le pire est la tentation de nier la réalité ». Le plus grand oiseau du monde, l'autruche, a la réputation imméritée de réagir au danger imminent en enfonçant la tête dans le sable. Ce qui veut dire que ce que je ne vois pas n'existe pas. Cela semble insensé, mais bien des gens réagissent de manière semblable face aux problèmes, leur donnant ainsi la possibilité de s'étendre comme un cancer. Neuf fois sur dix, l'homme trouve des prétextes pour éviter l'effort de la réflexion. Car tout ce qui est en accord avec nos désirs personnels nous paraît vrai. Tout ce qui est en désaccord avec ce dernier nous contrarie. L'homme doit trouver son chemin dans ses contradictions. Nier ou refuser les difficultés nous fait souffrir plus. C'est souffrir deux fois plus. Accepter la situation ne soulage pas, mais renforce notre esprit.

Se réfugier dans le passé

Le passé nous aide à projeter le futur, mais dans ce cas, nous le trouvons meilleur que le temps présent. C'est ainsi que certains le trouvent meilleur et le réclament. On se réfugie dans le passé par insécurité et peur de l'avenir. Les difficultés et tous les maux de ce genre sont des périodes d'incertitude. On pense n'être plus apte à rien maintenant en croyant que toutes ses capacités sont restées dans le passé. Ainsi, nous sommes les victimes de notre passé, mais nous ne pouvons pas en rester captifs. On regrette tout ce qu'on a perdu, alors qu'on est utile avec le reste. On ne peut pas vivre avec ce qu'on a perdu, et vivre, c'est l'art d'employer le reste. Cette nostalgie amène une mauvaise image de soi, la perte de l'identité. Le temps passé ne revient plus. Il n'y a qu'une seule manière de réfléchir au passé de façon utile et constructive : analyser posément nos erreurs, en tirer des leçons profitables, puis les oublier. Face à une erreur ? nous avons deux choix : se culpabiliser ou évoluer. La seconde option est la meilleure. Vivre, c'est agir. La tâche est immense, mais le salut est dans l'action. Daniel Katunda a dit : « Les hommes aiment bien se concentrer sur ce qui leur manque, et ne considèrent pas ce qu'ils ont déjà. Et pourtant, avec ce qu'ils ont déjà, ils peuvent acquérir ce qui leur manque. » Ce sont nos idées reçues qui constituent les problèmes. Elles nous disent comment les choses doivent être. Lorsqu'il n'en est pas ainsi, on croit être défavorisé. Ce qui nous amène à penser au passé. On est atteint d'un sentiment d'insécurité de telle manière que l'on veut retourner dans le passé. Si vous voulez approfondir ce qui concerne le passé, je vous conseille mon livre : *Quel que soit votre passé, la vie continue et un regard dans le passé pour un meilleur avenir.*

Se plaindre

Tout le monde se plaint toujours de n'avoir pas assez de soutien et de moyens pendant les moments difficiles. Il y a ceux qui se plaignent auprès de leurs proches et d'autres sans le dire à personne. Ils se plaignent du fait que les choses ne marchent pas comme ils l'ont imaginé. Les plaintes ne changent pas la situation. Il faut parler de sa situation dans le but de trouver la solution. Il y a plusieurs raisons pour que vous cessiez de vous plaindre :

- Les plaintes, les inquiétudes et les soucis tuent votre créativité. Le temps que vous passez à vous lamenter devrait être le temps de réfléchir pour décanter la situation et penser à s'améliore au lieu de se plaindre. Les plaintes, les inquiétudes et les soucis font fuir l'inspiration.

- Vos plaintes vous rendent ennuyant auprès des autres. C'est vous qui avez choisi ce que vous voulez faire, pourquoi vous plaindre ? Personne ne vous l'a imposé.

- Personne n'est à l'abri des difficultés. Ne pensez pas que vous êtes en train de souffrir plus que les autres. Si tout le monde se mettait à se plaindre, vous vous rendriez compte que votre situation est meilleure que celle des autres. Si ce que vous faites était facile, tout le monde le ferait.

- Chacun de nous est d'abord obsédé par ses problèmes avant de venir vous aider. Il doit d'abord trouver sa solution. Depuis que vous avez commencé à vous plaindre, avez-vous déjà trouvé quelqu'un pour vous aider ? vous constatez que vous parlez à un mur.

- Les plaintes produisent les découragements. Pour se sortir du découragement, il y a deux types d'encouragement celui des autres et celui de vous-même. Soyez votre propre motivation.

Il nous arrive à tous de passer par des difficultés, mais cela ne doit pas être une occasion de nous plaindre à vie. Il arrive dans la vie de tout le monde de se plaindre. Il vaut mieux chercher à s'en sortir que de s'asseoir sans solution. Certes, il y a des événements et des situations qui nous affectent. Ne pensez jamais que vous êtes les victimes de la vie. En vous plaignant, vous n'allez rien changer. Vous n'êtes pas victimes de la vie. Il faut s'assumer. Les difficultés que vous vivez présentement, il y en a d'autres qui les ont vécues dans le passé.

Rêver pour un futur

Il ne suffit pas d'avoir une vision pour le futur, mais il faut l'accomplir. Car une vision sans action n'est que de la rêverie, et des actions sans vision ne sont que des passe-temps. L'important n'est pas de voir ce qui se profile confusément au loin, mais de faire ce qui est nettement à la portée de nos mains. Si nous ne faisons rien aujourd'hui, quels que soient nos rêves, nous allons disparaître. La différence entre les rêveurs et le visionnaire est un plan. Avec le temps, j'ai compris qu'avoir des rêves n'est pas mauvais. Déclarer aux autres que vous aurez un meilleur avenir, c'est bien. La seule question est : comment et que feriez-vous pour rendre votre rêve concret ? Le rêve ou la vision ne nous sortent pas de nos difficultés tant que nous ne faisons rien pour les rendre concrets. Pour se faire, j'ai écrit un livre intitulé : *Comment passer du rêve à la réalité.*

S'absorber et espérer que quelqu'un nous vienne au secours

On se laisse être victime de la situation. Ainsi, on continue de croire que la solution viendra d'ailleurs. C'est pourquoi on est dans l'attente d'un être humain providentiel qui n'existe pas. L'histoire nous démontre qu'à chaque difficulté dans une contrée, la solution ne vient que d'une personne qui a vécu dans la situation pour en faire sortir son peuple, donc un leader. Ce que pense un homme, c'est ce qu'il devient. Il est littéralement ce qu'il pense, son caractère étant la somme totale de ses pensées. On trouve la difficulté choquante, elle scandalise. C'est dans cette situation qu'il convient de décider s'il vaut mieux rester dans la souffrance ou continuer le chemin jusqu'au changement. Car tout doit changer, sauf le changement. Sont malheureux ceux qui ne se préparent pas au changement. Dans son livre intitulé *La Guérison du monde*, Frédéric Lenoir a écrit : « Nous attendons que tous les problèmes soient réglés "d'en haut". Au Moyen Âge, on invoquait et priait les saints ; de nos jours, on engueule l'État parce qu'il n'a pas su nous alerter à temps ! Dans les deux cas, nous restons en situation de passivité, de docilité. » Selon John C. Maxwell : « Beaucoup de gens ne font que secouer la tête à la vue des problèmes. Face à l'adversité, ils baissent tout simplement les bras. Devant les défis, ils se demandent "pourquoi ?", en exprimant leur frustration plutôt que de chercher une solution. Lorsque des problèmes surviennent, ils n'entrevoient aucune possibilité. Ils deviennent victimes de situations regrettables et sont par conséquent incapables de s'aider eux-mêmes ou les autres. »

Affronter la difficulté et la transformer en une chose utile

C'est ici que la difficulté est instructive. Tant qu'on vit sur la Terre, il y a de l'espoir. La difficulté est semblable à des citrons. Si vous n'avez qu'un citron, faites une citronnade. C'est de ce comportement que nous avons besoin. Le psychologue Alfred Adler a dit : « Une des qualités les plus merveilleuses de l'homme est sa faculté à transformer un désavantage en avantage. Le bonheur n'est pas surtout fait de plaisir, il est surtout fait de victoire, qui provient d'un sentiment d'accomplissement, d'un plus réalisé à partir d'un moins. L'essentiel dans la vie n'est pas la faculté de tirer profit de ses gains. N'importe qui en est capable. Ce qui importe vraiment, c'est de savoir profiter des pertes que l'on subit. » Pour cela, il faut de l'intelligence, et ce talent qui fait toute la différence. Dede Kasay le définit comme le fait d'avoir l'information exacte pour résoudre un problème ou une crise personnelle ou communautaire. Nos difficultés nous apportent une aide inattendue. Nous devons tirer profit de nos difficultés. De ces six réactions, celle-ci est réaliste. Cette réaction est une prise de recul face à la situation. Notre perception de nos problèmes est basée sur trois choses : les expériences du passé, les expériences présentes et l'évaluation personnelle. La façon dont nous avons fait face à nos problèmes dans le passé influencera grandement notre façon de les percevoir aujourd'hui.

L'humilité

Les difficultés sont une médecine préventive contre l'orgueil. L'humilité vient du latin *humiltas* dérivant d'*humus* dont la signification est terre. Les difficultés nous font redescendre sur terre. Elles permettent de voir ce que l'on est. Garder notre côté humain. Quelqu'un dit que ce n'est que celui qui a été dans les difficultés qui peut comprendre celui qui passe par la même situation. L'humilité donne de la sensibilité aux souffrances des autres. Je suis tellement passé par des moments difficiles pendant mes études, que je suis devenu très sensible aux difficultés des autres. Ce n'est que l'humilité qui nous permettra d'apprendre nos difficultés. Pour certains problèmes que nous avons dans notre monde aujourd'hui, la cause est l'absence d'humilité. Le Centre national des ressources textuelles et lexicales (CNRTL) définit l'humilité comme la disposition à s'abaisser volontairement (à faire telle ou telle chose) en réprimant tout mouvement d'orgueil par sentiment de faiblesse. L'humilité c'est le fait de se montrer honnête par rapport à ses faiblesses. Elle désire trois choses : premièrement, vous savez ce que vous valez et vous êtes capable d'autocritique ; deuxièmement, vous êtes assez sûr de vous et à l'aise pour ne pas ressentir le besoin d'attirer l'attention sur vous ; troisièmement, vous vous réjouissez des réalisations d'autrui et vous désirez ardemment l'aider à briller. Patt Robertson a dit que l'humilité était la plus grande vertu. Cette humilité nous amène à connaitre ses véritables besoins. Il y a des choses que nous gaspillons par exemple la nourriture. Le jour où l'on n'a rien à manger, on se rend compte de son importance. C'est une occasion d'apprendre le contentement. Nous cessons de nous comparer aux autres.

Dans la vie, les choses changent

J'espère que vous avez entendu ceci : Les pauvres d'aujourd'hui sont les riches d'hier et vice versa. Dans la vie, sur la Terre, rien ne reste immuable. Le monde est soumis à une grande loi universelle : celle de l'impermanence. Tout dans le monde est soumis au changement. Rien n'est stable, permanent, définitif. Les choses changent, les personnes changent, a dit Frédéric Lenoir. Le monde change à la fois en nous et tout autour de nous. Comme le dit ce proverbe oriental : « La vie est un changement permanent et la seule chose qui ne change pas, c'est que tout change tout le temps ». Quelqu'un a dit : lorsque tout va bien, on fera des choses jusqu'à ce que tout aille mal. Parfois, nous sommes avertis de certaines difficultés qui nous arrivent nous, mais nous l'avons ignoré en pensant que tout demeura éternel. Cette fable de la Fontaine est un exemple probant : *La cigale et la fourmi.*

« La Cigale, ayant chanté tout l'été, se trouva fort dépourvue. Quand la bise fut venue : Pas un seul petit morceau de mouche ou de vermisseau. Elle alla crier famine chez la fourmi sa voisine. La priant de lui prêter quelque grain pour subsister jusqu'à la saison nouvelle. "Je vous paierai, lui dit-elle, avant l'Août, foi d'animal, Intérêt et principal." La fourmi n'est pas prêteuse : C'est là son moindre défaut. Que faisiez-vous au temps chaud ? Dit-elle à cette emprunteuse. Nuit et jour à tout venant je chantais, ne vous déplaise. Vous chantiez ? J'en suis fort aise. Eh bien ! Dansez maintenant ».

De cette fable ressort ce principe : penser au futur et faire des réserves dans le présent, c'est-à-dire précéder les événements au lieu de les subir. Beaucoup sont dans des difficultés aujourd'hui, parce que dans le passé ont pensé que les choses resteraient statiques. On oublie que tout change sauf le changement. Puis ce qui est une innovation aujourd'hui ne le sera plus demain. Beaucoup de gens ont du mal à réussir parce qu'ils refusent de payer le prix. Réussir n'est jamais gratuit. Il y a un toujours un prix à payer. Sauf grâce exceptionnelle, vous ne pouvez pas réussir à l'école sans assister aux cours et réviser. Du côté de la cigale, elle ne tient pas compte de l'usage du temps. Elle a été dans une activité qui avait mis son futur en danger. Et ce qui différencie les pauvres et les riches, c'est la gestion du temps. Aussi, tout ce qui nous arrive dans la vie s'annonce bien avant. Mais souvent, nous n'en tenons pas compte.

Par cette fable, nous comprenons aussi ce qui suit :

- Tout ce que nous devenons a besoin du temps. On devient ce à quoi on accorde du temps ;
- Nous avons tous la même quantité de temps, mais nous ne l'utilisons pas de la même manière ;
- Nous déterminons nous-mêmes ce que nous ferons de notre temps.

La fourmi prépare son futur à plus forte raison l'homme. Beaucoup se sont dit que la vie n'est pas tout ce que l'on pensait être. La vie est difficile.

Il y a des choses qui dépendent de nous d'autres non

La sagesse, selon les mots d'Épictète, nous invite à distinguer ce qui dépend de nous de ce qui ne dépend pas de nous. Personne dans la vie ne choisit de vivre dans la maladie, les manques et les difficultés, mais lorsqu'ils arrivent, il dépend de nous de chercher la solution au lieu de faire la victime. Nous avons été en difficulté par jalousie, une catastrophe naturelle, un accident, la haine ou la situation sociopolitique ou parce qu'il y a eu des gens qui nous ont fait du mal. Il y a dans la vie les choses qui dépendent de nous, d'autres non. Les dires des autres peuvent nous mettre en difficulté, par exemple un faux témoignage. Ce cas nous parait souvent comme une pluie qui nous prend par surprise, on se rend compte que l'on est déjà mouillé. La maladie ou la perte d'un proche ne dépend pas de nous. La mort nous paraît soudaine, mais plane sur nos existences. Dans la vie, nous ne pouvons que changer que ce qui est en notre pouvoir. Ceci nous éviter de souffrir encore plus. C'est pourquoi il est dit souvent que le drame dans la vie ce n'est pas ce qui nous arrive, mais notre façon de le gérer. Dans cette gestion des difficultés, il faut savoir si elle dépend de nous ou pas. Il faut être réaliste, accepter sa situation. Il ne faut pas que ceux qui sont dans les difficultés la refusent. La première étape pour sortir des difficultés c'est reconnaître leur existence. Après voir s'il dépend de vous ou pas. La difficulté est la preuve de la limite humaine. Si ce n'était pas le cas, il n'y aurait plus de morts, ni de malades, ni de pauvres.

Un temps d'amélioration

Les difficultés sont des moments auxquels nous ne nous attendons pas, qui nous imposent de faire des choses que nous ne faisons pas d'habitude. Elles sont des alarmes pour éveiller notre créativité ; c'est ainsi que l'on peut dire que les périodes difficiles sont aussi des moments de progrès afin d'aller de l'avant. Chaque fois qu'il y a eu des difficultés (crises) dans l'humanité, cela a ouvert des portes pour de grands progrès. Elles nous poussent à utiliser nos capacités et à rassembler nos ressources pour aller de l'avant. Il y a un vieil adage qui dit : « La pierre précieuse ne peut l'être sans friction ni l'homme sans épreuves ».

L'or est l'un des métaux précieux, il est un signe de richesse. Ce métal précieux charme la majorité. Lors de son extraction, il se trouve mélangé à d'autres métaux et impuretés. Ce qui veut dire qu'il n'a plus la même valeur dans les vitrines dans des boutiques de luxe. C'est à cause d'un réchauffement à haute température appelé exposition chimique qu'il perd les impuretés et brille tel que nous connaissons. C'est le feu qui débarrasse l'or de ses impuretés. Plus la température est importante, plus l'or est purifié et devient brillant. Les difficultés sont souvent à la base de notre maturité. Les difficultés dans nos vies et celles des autres ne sont jamais contre nous. Elles sont là pour nous aider. Ce n'est qu'en passant par des moments difficiles que nous pouvons apprendre, grandir et murir. La purification est similaire à un test. Moyen par lequel se fait la mesure de la résistance, l'authenticité d'un objet ou d'un processus.

Les difficultés ne sont pas seulement considérées comme un moyen de mesurer notre endurance, mais aussi comme une occasion de démontrer les compétences que nous n'avons pas encore appliquées. Leurs applications ne se manifestent que dans la difficulté. Elles sont aussi considérées comme un test, une épreuve, un examen pour passer à un niveau supérieur. L'épreuve permet d'approuver l'aptitude d'une personne pour passer un niveau supérieur. Pour gagner une médaille olympique, il y a des épreuves sportives ; pour accéder à la présidence, les candidats passent par l'épreuve du suffrage. Pour obtenir un diplôme, il faut passer par un examen.

Comme le feu enlève les impuretés de l'or, les difficultés nous aident à nous débarrasser de toutes scories et rocailles afin d'accéder au niveau supérieur. C'est le moment qui nous permet de sortir le meilleur de nous-mêmes. Ce baptême de feu nous améliore par les leçons que nous tirons. Pour avoir du jus, il faut presser le fruit.

Une porte pour un avenir meilleur

La difficulté nous fait croire que rien ne va bien fonctionner. Comme si le temps s'arrêtait. Notre vision de l'avenir devient sombre. Il y a eu de progrès en médecine parce que c'est lors d'un dysfonctionnement du corps humain que l'on comprend le bon fonctionnement. La mauvaise odeur peut nous permettre de reconnaître la bonne odeur. Ce n'est que dans la galère que l'on comprend ce que l'on doit réellement faire lorsque l'on a de l'argent. Comme il se dit souvent : « À quelque chose malheur est bon. » Ce sont les multiples accidents qui ont amené l'existence de plusieurs aides à la conduite dans les véhicules. Les incendies dans les logements ont amené à la conception de détecteurs de fumée. Un conflit dans le couple, entre amis ou au travail, vous permet de comprendre ce qui marche dans une relation. La crise COVID a été un moment révélateur des talents (pâtisserie, bricolage et autres). Je connais quelqu'un qui a travaillé dans une multinationale, après avoir été licencié, il a créé sa propre entreprise dans l'événementiel. Il m'a dit pourquoi ne pas me servir des formations et des expériences du passé. Les difficultés sont aussi une occasion de voir les possibilités qui s'offrent à nous. Une chose qui peut nous empêcher de voir les possibilités ou les portes d'un meilleur avenir, c'est se dire que c'était mieux avant. Le roi Salomon a dit : « Ne dis pas que le temps passé était meilleur que ceci, ce n'est pas par sagesse que tu le dis. » À ce stade le passé devient un refuge dans l'insécurité, un cimetière et une prison. Si vous voulez approfondir concernant la gestion du passé. J'ai écrit deux livres : *Quel que soit votre passé la vie continue* et *Un regard dans le passé pour un meilleur avenir*.

Les difficultés nous aident à trouver des solutions pour que nous puissions ne plus vivre la même difficulté dans le futur. Elles sont la partie obscure de la réussite et du succès. La plupart de ceux qui sont célèbres aujourd'hui ont eu à vivre des moments difficiles. La vie ne se déroule pas toujours selon nos souhaits. Certains événements arrivent et brisent nos rêves. Ceux qui sont captifs de rêves brisés sont les partisans de « si j'avais », « si j'étais ». Avec des « si », on mettrait Paris en bouteille. Ils sont captifs de ce qu'ils devaient être ou avoir. Ils supposent ce qu'ils n'ont jamais, mais qui pourrait exister. Surtout ceux qui n'ont pas eu l'occasion d'atteindre un certain niveau d'études : ils ne cessent de le dire aux gens comme cause de leur malheur. Aussi, ceux qui ont raté un voyage vers l'eldorado. Ainsi, ils croient que ces études et ce voyage auraient pu améliorer leur condition. Ceux qui ont des rêves brisés pensent que si ces rêves s'étaient réalisés, ils auraient une vie sans problèmes.

Tout le monde a vécu un événement malheureux. Comme toujours, ils perturbent la vie, mais la vie continue. Face aux difficultés, certains répondent : c'est le destin. Voici la question qui a été posée à un homme : « Quel est le plus grand mensonge au monde ? » demande un garçon. Voici la réponse : « C'est qu'à un certain carrefour de notre existence, nous perdons la mainmise sur ce qui nous arrive, et que notre vie est alors dirigée par le destin. » C'est là le plus grand mensonge. Nous n'avons pas toujours cette mainmise, mais nous choisissons comment vivre. Un jour, l'un de mes frères m'a raconté une histoire dont il avait pris connaissance par une personne qui avait suivi l'une des prédications du bishop David O. Oyedepo. Il a posé la question à un homme : « Pourquoi es-tu chômeur ? » Cet homme répondit au bishop : « Je suis orphelin de père ». Le bishop lui dit :

« Tu es orphelin de père, mais tu n'es pas orphelin de tête ». Cet homme avait 40 ans.

Le soleil n'a jamais sauté un village parce qu'il est petit ou grand. Dans la vie, certaines personnes débutent sur la montagne, d'autres dans la vallée, certains dans une bonne famille, d'autres sans famille. L'essentiel est de développer une attitude positive pour surmonter les obstacles ou les contourner. Alors, quel que soit ce que vous endurez, sachez que vous aussi vous avez une place à la table des rois.

Ce n'est pas facile de voir une porte qui s'ouvre pour un meilleur avenir. Ceci ne vient que par la réflexion avec la perspective d'un avenir meilleur dans le but de se sortir de ses difficultés. C'est une occasion de se réinventer, de s'adapter. Les difficultés cachent aussi des opportunités. Rayan Holidays a écrit un livre intitulé *L'obstacle est le chemin,* dans lequel il a écrit : « L'obstacle sur le chemin ouvre la voie. N'oubliez jamais que dans chaque obstacle se cache une opportunité d'améliorer notre condition. ». En rencontrant les obstacles, on peut trouver son chemin. Sartre a dit : « Tel rocher qui manifeste une résistance profonde si je veux le déplacer, il sera, au contraire, une aide précieuse si je veux l'escalader pour contempler le paysage ». John

C. Maxwell a dit : « Les gens les plus heureux sur la Terre ne sont pas ceux qui sont sans problèmes. Les gens les plus heureux sont ceux qui ont appris à apprécier les possibilités de croissance que les problèmes suscitent. » La vie peut avoir les allures d'une pièce de théâtre ou d'un film. On peut commencer par le drame, passer par des aventures et finir dans le fantastique.

Vivre au-dessus des difficultés

Il n'y a aucune difficulté qui est gratuite, elles sont toutes à notre avantage. Elles nous révèlent ce que nous sommes et ce que sont les autres. C'est une période qui nous fait savoir que personne n'est à l'abri et que notre cas n'est pas unique. Nous comprenons que certaines réactions ne servent à rien. Les difficultés nous apprennent l'humilité. Nous apprenons que dans la vie les choses changent. C'est en cette période que nous savons qu'il y a des choses qui dépendent de nous d'autres non. C'est un temps d'amélioration et une porte qui s'ouvre pour un avenir meilleur. J'ai connu la faim, le froid, la soif, la maladie et l'insécurité. Certaines mauvaises idées me sont passées par la tête. Elles m'ont conduit à avoir la pitié de soi. Je me souviens avoir passé des moments où je pleurais seul en m'apitoyant sur mon triste sort. Je me suis même dit que j'étais sur terre pour accompagner les autres. Les difficultés m'ont conduit à rendre les autres responsables de ma situation à un moment de ma vie. Avec le temps, je me suis rendu compte que ça ne servait à rien de s'autosaboter et d'être désespéré pour rien. Il était de ma responsabilité de prendre ma vie en main. Je pouvais manquer de tout, mais avec l'espoir et le courage, je pouvais avoir ce qui me manquait. C'est ainsi, après des années je dis souvent : Découragement n'est pas ivoirien ; impossible n'est pas camerounais ; croire c'est congolais. Tout est possible à celui qui croit. Mes lectures, mes réflexions, les conseils et autres m'ont permis d'échapper à un monde pessimiste qui ne m'offrait aucun avenir. Ils m'ont transporté dans un univers de possibilités. C'est ce qui m'a amené à créer Vision Biosphère (voir la vie dans toutes ses possibilités).

Tout est possible, même si les difficultés sont inévitables et présentes, de la naissance à la mort. La vie n'est pas que difficulté. La vie nous offre aussi de nombreux plaisirs au quotidien : boire lorsque nous avons soif, manger lorsque nous avons faim, passer un moment de convivialité avec ses amis lorsque l'on se sent seul. Fréderic Lenoir a dit : « La vie est tissée de souffrance et des plaisirs, des peines et des joies. Se le rappeler lorsque nous souffrons peut-être un grand secours. Car la souffrance hypnotise notre esprit et nous venons à oublier tous les moments heureux de notre existence.

Considérer la vie dans sa globalité, aide notre esprit à ne pas être sidéré par la douleur présente ». Il ne faut pas que nos difficultés soient comme une fin en soi. Mais elles servent à nous orienter vers ce qui nous réconforte et avoir la considération que la vie est un tout indivisible avec ses hauts et ses bas, ses joies et ses douleurs. Ce qui nous permet de continuer à aimer la vie même pendant les périodes difficiles.

John C Maxwell a dit : « Face à l'adversité, nous pouvons prendre l'une des quatre décisions suivantes : fuir, oublier, combattre ou affronter ». Il n'existe pas qu'une seule solution pour tout le problème. Quatre choses peuvent nous aider à vivre au-dessus des difficultés : il faut de la connaissance, une bonne attitude, se fortifier, avoir le courage ainsi que la persévérance. Toutes les difficultés ne finissent pas seulement avec l'argent. Même l'argent ne permet pas de régler ses propres affaires tout seuls. Ndoki Kitekutu a dit : « Si tout se monnayait, l'amour du prochain n'aurait plus sa raison d'être ». Beaucoup de gens commettent encore l'erreur de croire que tous leurs problèmes se régleraient d'eux-mêmes s'ils avaient suffisamment d'argent. En soi, gagner plus d'argent ne nous dispense pas de l'aide des autres. L'argent est un moyen et non une fin en soi.

La connaissance

Vivre au-dessus des difficultés c'est plus mental que physique. La connaissance nous permet de résoudre et de prévenir certaines difficultés. La connaissance ce n'est pas seulement en quantité, mais la qualité. Elle permet de résoudre les problèmes aujourd'hui et de les prévenir dans le futur. Il y a des difficultés que nous ne connaitrons pas parce que nous avons été prévenus. Il y a des fois où nous avons été prévenus, mais nous avons préféré rester dans l'ignorance. La connaissance est une protection. Les difficultés ne se résolvent pas seulement avec l'argent même si elles sont seulement financières. On peut vous donner autant d'argent, tant que vous ne savez pas le gérer, vous vous retrouverez toujours fauché. Un simple conseil peut mettre fin à vos difficultés. Derrière toutes les résolutions de problème, il y a une intelligence qu'il faut avoir. La connaissance s'acquiert des divers manières (lecture, conseil, formation, observations et autres). Mohamed Boclet a dit : « Plus nous lisons, plus nous apprenons et plus nous apprenons, mieux nous comprenons le monde et le sens de notre vie ». Avec la connaissance, nous avons un regard plus éclairé sur le monde d'aujourd'hui et celui de l'avenir. De ce fait, elle nous rend de plus en plus humbles. Il y a des difficultés que nous avons ou qui perdurent suite à notre ignorance. Il ne faut pas avoir la connaissance pour la connaissance seulement, il faut qu'elle nous aide à sortir de nos difficultés. D'où il faut avoir l'ouverture d'esprit qui est la capacité d'apprendre, de désapprendre et de réapprendre. Comme l'a dit Dale Carnegie : « La connaissance n'est pas un pouvoir tant qu'elle n'est pas appliquée »

Une bonne attitude

Comme, il est dit souvent : votre attitude détermine votre altitude. Avoir une bonne attitude face aux difficultés est essentiel pour surmonter les obstacles de la vie et continuer à progresser. Frankl a dit : « La dernière des libertés humaines est de choisir son attitude dans n'importe quelles circonstances, de choisir son propre chemin. » La bonne attitude vous rend heureux devant n'importe quelles circonstances de la vie. Les gens le plus heureux ne sont pas ceux qui n'ont pas de difficultés, mais ils choisissent leurs attitudes.

Voici quelques conseils pour avoir une bonne attitude :

- Accepter la situation : reconnaître que tout le monde fait face à des défis dans la vie, et que c'est une partie normale de l'expérience humaine. L'acceptation permet de ne pas se laisser submerger par la frustration, les soucis, la douleur ou la colère, et de faire preuve de résilience. Les soucis sont comme un fauteuil à bascule, ils vous occupent, mais vous n'allez nulle part.
- Avoir une mentalité de croissance : considérez les difficultés comme des opportunités d'apprentissage. Voyez-les comme des occasions de grandir, d'améliorer vos compétences et de devenir plus fort. Une mentalité de croissance permet de voir les défis

comme des défis temporaires, plutôt que des obstacles insurmontables.
- Diviser les problèmes : face à une difficulté complexe, essayez de la diviser en étapes plus petites et gérables. Cela rendra le problème moins intimidant et vous permettra de progresser étape par étape.
- Restez optimiste : adoptez une attitude positive envers vous-même et vos capacités. Évitez de vous critiquer ou de vous dévaloriser. Célébrez vos réussites, même les plus petites, et utilisez-les comme des rappels positifs de vos compétences et de votre résilience.
- N'hésitez pas à demander de l'aide : il n'y a pas de ridicule à vouloir sauver sa vie. Ne craignez pas de demander de l'aide à des amis, à des collègues, à des professionnels ou à toutes personnes que vous estimez vous aider. Lorsque vous êtes confronté à des difficultés, parler de vos problèmes peut apporter un soutien émotionnel et de nouvelles perspectives sur la façon de les aborder. Ma mère m'a donné ce conseil : « Lorsque tu es en

difficulté, n'hésite pas à demander de l'aide. Même si la personne après des années ou quelques jours se vante de t'avoir aidé en disant si ce n'était pas moi. Réponds-lui : merci, il n'y a qu'un être humain qui peut aider son prochain. » Beaucoup ne veulent pas demander de l'aider en se disant que personne ne peut les aider. Je donne souvent ce conseil : si vous n'avez pas encore demandé quelque chose à quelqu'un, ne vous dites pas qu'il n'a pas voulu vous donner. Si quelqu'un s'assoit à l'ombre d'un arbre, c'est qu'il y a quelqu'un qui l'a planté. Leçon : le monde existe depuis de millénaires, il n'y a aucun problème qui manque de solution, la solution à ton problème se trouve quelque part, il te faut trouver la bonne personne.

- Ayez de la patience avec vous-même : il est dit souvent que la patience est amère, mais son fruit est délicieux. La résolution de problèmes peut prendre du temps, alors soyez patient avec vous-même tout au long du processus. Ne vous attendez pas à tout résoudre instantanément.

- Apprenez de l'expérience : après avoir surmonté une difficulté, prenez le temps de réfléchir à ce que vous avez appris. Cela vous aidera à mieux vous préparer pour l'avenir et à renforcer votre confiance en vos capacités.
- Cultivez la gratitude : concentrez-vous sur les aspects positifs de votre vie et pratiquez la gratitude. Reconnaître les aspects positifs vous aidera à garder une perspective équilibrée et à développer une attitude positive face aux difficultés. Quand je passe par des moments difficiles, ma femme me dit toujours que ça va passer. Elle me montre souvent les situations difficiles que j'ai surmontées dans le passé.

Retenez ceci : les difficultés font partie de la vie, et personne n'est exempté de les rencontrer. Ce qui compte, c'est la façon dont nous y faisons face et comment nous en tirons des leçons pour grandir et évoluer.

Se fortifier et avoir le courage

La force physique seule ne suffit pas. Il faut cette force intérieure. Même lorsque tout autour de soi rien ne fonctionne pas. On est fort intérieurement. On peut changer la condition extérieure. C'est la force intérieure qui commande l'extérieur. Il ne faut pas perdre la confiance en soi. Souvent pour être rassuré on attend les encouragements des autres. Ce n'est pas mal. Vous pouvez ou pas être encouragé par votre entourage. Le seul encouragement qui vous aide c'est lorsque vous vous encouragez vous-même. Les encouragements des autres ne servent que si vous les intériorisez. Si vous n'êtes pas encouragé par les autres pendant les périodes difficiles, vous devez vous-même produire votre encouragement. Ce dernier vient avec vos motivations qui sont les raisons qui vous poussent à chercher à sortir de vos difficultés.

Entre deux sommets il y a une vallée. Celui qui veut vivre au sommet doit accepter la vallée. L'esprit humain est une véritable usine des pensées. C'est une usine qui fonctionne d'une manière permanente. Il produit chaque jour un nombre incalculable des pensées. C'est dans cette usine que se fabrique l'encouragement personnel. L'encouragement vient de la confiance que l'on a en soi-même. David Scwartz a dit : « La confiance est un thermostat qui conditionne ce que nous accomplissons dans la vie. Ayez confiance en vous-même et les choses tourneront à votre avantage. La confiance n'est pas un don, mais elle s'acquiert et se cultive. »

CS Lewis a dit : « le courage n'est pas simplement une des vertus, mais la forme de toutes les vertus au moment de l'épreuve. » Sans courage, il sera impossible de manifester toute autre vertu avec constance. John C Maxwell nous donne quelques éléments sur le courage :

- Le courage donne la force à ceux qui traversent une période de difficulté et d'incertitude. Le poète Ralph Waldo Emerson a dit : « Quoi que vous fassiez, le courage vous est nécessaire. Quelle que soit la voie que vous avez décidé d'emprunter, il y aura toujours quelqu'un pour vous dire que vous avez tort. » Il y aura toujours des embuches pour vous faire croire que vos détracteurs ont raison. Nous vivons dans un monde jonché d'embuche. La création et l'exécution d'un plan d'action requièrent le courage propre au soldat. Mary Anne Radmacher a dit : « Le courage ne rugit pas toujours. Il arrive parfois que le courage nous murmure en fin de journée : j'essaie encore demain. »

- Le courage permet aux gens de maximiser le potentiel : le courage n'est pas tangible, mais on peut le ressentir. Personne n'a jamais exploité son potentiel en cédant à la peur.
- Le courage aide les leaders à trouver leur voie : la manifestation du courage pendant une période de crise, les leaders trouvent souvent leur voie.

La persévérance

La persévérance alimente notre vie à tous. Elle n'est pas un événement, mais un processus continu. Ne laissez personne ni aucun événement vous décourager. Ne vous reposez pas sur vos lauriers, la persévérance vous permet de vous développer au niveau personnel. Il faut chercher toujours à faire mieux.

La persévérance nous conduit au succès par la détermination et pas par le destin. Vince Lombardi a dit : « La différence entre ceux qui réussissent et ceux qui échouent ne tient pas à un manque de puissance ou de connaissances, mais plutôt à un manque de détermination. »

Sans la persévérance, il n'y a pas de récompense. Il ne faut pas baisser les bras tant que vous n'avez pas votre solution. C'est le dernier pas de la course qui compte. Thomas Edison a dit : « Bien des vies ratées sont faites de personnes qui n'ont pas réalisé à quel point elles étaient près du but lorsqu'elles ont baissé les bras. » La persévérance ce n'est pas s'arrêter en chemin. Aller jusqu'au bout c'est être jusqu'au-boutiste.

La vie ne nous donne pas tout à tous au même moment

La vie ne nous donne pas tout à tous au même moment. Il y a des choses que nous n'aurons pas aujourd'hui parce que nous n'avons pas encore la maturité nécessaire pour les gérer. Il nous faut d'abord arriver au stade où nous possédons les choses au lieu que les choses nous possèdent. Chaque jour dans la vie est comme un examen (test). Nous ne pouvons pas passer au niveau supérieur tant que nous n'avons pas réussi le test. Il concerne notre relation avec nous même, l'avoir et les autres. Les avoirs ne sont pas plus que ce que nous sommes. Parce que ce que nous avons est le résultat de ce que nous sommes. Nous ne sommes pas supérieurs aux autres. Se comparer aux autres est un combat perdu d'avance.

Ce que vous avez, vous pouvez le perdre. Vous ne pouvez rien faire avec ce que vous avez perdu. Dans la vie, nous prêtons plus attention à ce qui nous manque qu'à ce que nous avons. Avec ce que vous avez, vous pouvez avoir ce qu'il vous manque. Dans la vie, nous ne pouvons tout avoir, parce que nous n'avons pas besoin de tout pour vivre. Chaque vie sur terre est comme une maison. Toutes les maisons n'exigent pas la même quantité des briques. Chacun de nous doit reconnaître ses besoins réels dans le présent et le futur. Les besoins des autres ne sont pas les nôtres. Nous ne devons pas envier les autres, parce que derrière les avoirs il y a un prix à payer. Si vous savez qui vous êtes, vous n'avez pas besoin d'avoir pour être.

L'argent est un accès pour la satisfaction de certains besoins, pas de tout. L'argent c'est bien, il vous accorde certaines facilités. Il ne faut pas que l'argent dans la vie. Il faut plus se focaliser sur le besoin d'argent que sur l'argent, parce qu'il ne faut pas mettre le matériel au premier plan.

Pour ceux qui se définissent par les titres, ils ne vous définissent pas. Il faut que vous puissiez exister d'abord pour que le titre se colle à vous et non pas l'inverse. Il faut d'abord être avant de posséder. Je connais beaucoup de gens qui se donnent des titres sans contenu. Si vous ne vous connaissez pas. Vous allez courir derrière le titre. Votre vie n'est pas le titre que vous avez, mais comment vous vous définissez. Vous ne pouvez pas tout devenir. Le titre accompagne les compétences. L'être c'est l'essentiel. L'avoir est la conséquence. C'est comme l'aimant et le fer. L'être attire les avoirs.

Marathon

La vie n'est pas un sprint, mais un marathon à relais. Dans ce marathon, il est nécessaire de reconnaître sa catégorie. Même si certains disent que derrière toute classification, il y a de la discrimination. D'après Yvan Castanou, dans la vie il y a deux catégories :

1.Ceux qui bénéficient du chemin que leur ont tracé leurs prédécesseurs, la famille et l'entourage.

2.Ceux qui doivent tracer le chemin pour leur descendance.

J'espère que vous avez reconnu votre catégorie. Cette reconnaissance détermine le degré des efforts à fournir et vous empêche être jaloux. Surtout si vous êtes de la seconde catégorie. Dans ce marathon, bruler les étapes ne vous servira à rien, vous allez vous bruler par étape. En voulant tout gagner, vous risquez de tout perdre. Ce que vous considérez comme votre réussite n'est pas l'échec des autres. Et ce que vous considérez comme votre échec n'est pas la réussite des autres. Il faut courir à votre rythme. Celui que vous considérez devant vous ne vous dépasse en rien. Celui que vous considérez derrière vous, vous ne le dépassez en rien. Parce que dans ce marathon nous n'avons pas tous le même rythme.

La mort

Nul n'échappe à la mort. Il ne sert à rien de la fuir. La tombe est le berceau de l'éternité. La mort paraît toujours soudaine, mais elle plane toujours sur notre existence. C'est le chemin de tous les hommes. Il faut voir dans la mort la vie. La vie vers de nouveaux horizons de celui ou celle qui ne sera plus avec nous. Le jour de la naissance, tout le monde attend notre arrivée, mais le jour de la mort personne ne s'y attend. L'homme sur la terre n'est pas éternel.

Il y a des choses dans la vie qu'on peut s'expliquer mutuellement par l'expérience. Mais l'expérience de la mort est un mystère pour tous les humains vivant sur la terre parce que l'illustre disparu ne peut pas nous l'expliquer. À la naissance, c'est le nouveau-né qui pleure, mais à la mort ce sont les gens pour lesquels nous avons été utiles qui nous pleurent. À la naissance, on ne se pose jamais la question du pourquoi de cette naissance, mais à la mort tout le monde veut savoir les causes en oubliant que l'homme est mortel.

À la naissance, le nouveau-né pleure parce qu'il ne sait pas communiquer comme les adultes. Les explications que le médecin donne à ce sujet : les bébés pleurent à la naissance pour exercer et fortifier les muscles pulmonaires. À la perte d'un être cher, en pleurant, nous libérons le corps de ses tensions. Chargé de rétablir le calme après une accumulation de tensions dans le corps, le système parasympathique déclencherait en même temps les larmes. Donc, si elles n'en sont pas la cause directe, elles accompagnent le soulagement que nous ressentons.

Références bibliographiques

Arden P., *Vous pouvez être ce que vous voulez être*, Éditions Phaidon, 2004.

Boclet M., *Connaissance illimitée*, Éditions Robert Laffont, 2023.

Laval J., *L'encyclopédie du bien-être*, Éditions J'ai lu, 2019.

Allen J., Vivre au-dessus de l'agitation du Monde, Éditions Symbiose, 2023.

Attali J., *Devenir soi*, Éditions Fayard, 2014.

Carnegie D., *Comment dominer le stress et les soucis*, Flammarion, France, 2005.

Carnegie D et Associés., *Vendez : L'art de penser comme vos client*, Diateino, France, 2020.

Castanou Y., *Maintenant ça suffit, il faut que ça change !* Édition Metanoia et Vie, 2009.

Crabb L., *Quand vos rêves volent en éclats*, Éditions La Clarrière, 2004.

Holiday R., *L'obstacle est le chemin : De l'art éternel de transformer les épreuves en victoires.* Éditions Alisio, 2018.

Jackson T., *Comment vivre une perte*, Éditions Impact, 2004.

Johnson S., *Qui a piqué mon fromage ?* Éditions Michel Lafon, 2000.

Kawata D., *C'est possible*, 4e édition, MCEG production, 2006.

Kawata D., *Le Verso de la souffrance*, MCEG production, 2006.

Kawata D., *Parole d'encouragement*, Tome I, Éditions MCEG, 2007.

Kawaya N., *Ma vérité*, Éditions Édilivre, 2013.

La Fontaine J., *Fables*, Éditions Le Livre de Poche, 2002.

La Grande Encyclopédie Larousse

Lenoir F., *La Guérison du monde*, Éditions Le livre de Poche, 2014.

Lenoir F., *La Guérison du monde 2*, Éditions Le livre de Poche, 2021.

Lenoir F., *La Sagesse expliquée à ceux qui la cherchent*, Éditions du Seuil, 2018

Lenoir F., *Vivre ! Dans un monde imprévisible*, Éditions Fayard, 2020.

Maxwell J. C. vaincre l'adversité, 5ᵉ livret, 2023.

Pépin, C. *Les vertus de l'échec*. Éditions Allary, 2016.

Pérets J., *Comment réussir avec les autres : les relations humaines comme une arithmétique*, Vision Biosphère, 2018.

Pérets J., *La vie continue quel que soit votre passé*. Vision Biosphère, 2020.

Pérets J., *Un regard dans le passé pour un meilleur avenir*. Vision Biosphère, 2021.

Pérets J., *Le changement commence ici*. Vision Biosphère, 2022.

Pérets J., *La vie continue quel que soit votre passé*. Vision Biosphère, 2020.

Pérets J., *Le changement commence ici*. Vision Biosphère, 2022.

Pérets J., *Comment vivre dans un monde en crise*. Vision Biosphère, 2021.

Vision Biosphère
Voir la vie dans toutes ses possibilités

Vision Biosphère est une entreprise qui vise à vous faire voir la vie dans toutes ses possibilités. Tout ce que vous faîtes ou vous ferez c'est parce que vous en avez vu la possibilité d'avance.

Le concept Vision Biosphère

Dede Kasay a dit : « *Lorsque le concept est erroné, les résultats seront infailliblement erronés* ». C'est ainsi qu'il nous est nécessaire d'expliquer le concept Vision Biosphère :

- La Vision : c'est voir non pas ce qu'il y a mais ce qui doit être et en faire une réalité. Car, « *une vision sans action n'est que rêverie et des actions sans vision ne sont que des passe-temps* », a dit Mwembia Kabeya. En d'autres termes, c'est l'image mentale de ce qu'on veut faire (entreprendre) ;

- La Biosphère : C'est la partie du globe terrestre ou la vie est possible en permanence. Elle répond à la grande distinction entre le monde vivant et le monde inerte. C'est un terme pris de l'écologie qui étudie les rapports des êtres vivants et leurs milieux.

Notre expertise

Nous sommes une entreprise d'édition, de formations et conseils. Notre expertise consiste à vous révéler les possibilités qui s'offrent à vous. Nous vivons dans une société qui classifie les gens en gagnants et perdants, pauvres et riches, forts et faibles... La classification cache une certaine discrimination. Comme si tous les rapports humains devaient aboutir au triomphe des uns et à la défaite des autres. Vous n'êtes pas obligé à appartenir à une catégorie ou une autre mais de voir la vie dans toutes ses possibilités.

Nos motivations

Quelqu'un a dit : Si le but d'une chose n'est pas connu, son abus et inévitable. Nos motivations nous les puisons dans les citations suivantes :

- Dale Carnegie a dit : "*Les idées les plus brillantes au monde sont sans valeur si vous ne les partagez pas*" ;

- Périclès a dit : "*Celui qui a des idées et ne sait pas les faire passer n'est pas plus avancé que celui qui n'en a pas*".
- Toute personne a quelque chose à donner aux autres.

Contact

Notre site internet : https://www.vision-biosphere.com/
Nous souhaitons échanger avec vous à l'adresse
E-mail : visionbiospherebusiness@gmail.com
Notre page Facebook : Vision Biosphère
Twitter : Junior Pérets
Instagram : @visionbiosphere
LinkedIn : Vision Biosphère

Les livres du même auteur

1.Comment réussir avec les autres : Les relations humaines comme une arithmétique

Dans toutes relations humaines, les quatre opérations de l'arithmétique interviennent. Il y a la soustraction de la solitude, une addition de vos différences, une division de vos responsabilités et une multiplication de vos capacités. Aucun humain ne peut vivre en solitaire. Comment réussir avec les autres est une réflexion sur les relations humaines, qui utilise l'image de quatre opérations de l'arithmétique pour donner une compréhension globale de l'apport des relations humaines dans notre vie de tous les jours.

2.Les Pouvoirs de la parole en public

La parole a des grandes contributions dans notre vie de tous les jours. La parole en public nous octroie des pouvoirs. Chaque jour, nous sommes appelés à parler en public et à voir les autres le faire. Et souvent dans la vie ce que nous faisons quotidiennement ne nous permet pas, parfois, de nous rendre compte de la contribution apporté dans notre vie.

3. La Vie continue quel que soit votre passé

Pour beaucoup, les souvenirs les hantent. Ils laissent leur passer déterminer leur futur. Souvent, ils se punissent eux-mêmes inconsciemment en sabotant leur propre réussite. Nous sommes le résultat de notre passé, nous ne sommes pas obligés d'en être captifs. Mark Twain a dit : "Faites vos projets dans l'avenir. C'est là que vous allez passer le reste de votre vie". On s'habille en fonction de là où l'on va. Mais le passé comporte un autre problème, et c'est exactement l'inverse. Il est difficile pour celui qui regarde trop son passé de voir son avenir.

4. Comment passer du rêve à la réalité

Votre rêve commence à se réaliser le jour où vous êtes conscient d'en avoir un. Ce qui exige de commencer là où vous êtes. Il n'y a pas un pays de rêve. Il n'y a que de pays où les rêves se réalisent. Il n'y a pas d'hommes, ni de femmes de rêve. Il n'y a que des hommes et des femmes qui réalisent leurs rêves. Pour accomplir votre rêve, il vous faut un plan. Il permet de répondre aux questions : qui, quoi, pourquoi, comment, quand, avec qui et combien ?

5.Comment vivre dans un monde en crise

Les crises sont des moments auxquels nous ne nous attendons pas, qui nous exigent de faire des choses que nous ne faisons pas d'habitude. Elles sont des alarmes pour éveiller notre créativité ; c'est ainsi que l'on peut dire que les crises sont des moments de progrès. Les grandes questions : comment allez-vous les gérer ? Est-ce que vous allez abandonner ? Est-ce que vous allez permettre aux circonstances de vous rendre misérable ? Est-ce que vous allez tenter de faire mieux ? La vie ne présente aucune garantie. Nous essayons de nous protéger par toutes sortes de moyens : parapluie, airbags, alarmes contre les cambrioleurs...Le problème dans la vie n'est pas ce qui nous arrive mais la manière dont nous le gérons. La première gestion est au niveau mental.

6.Un regard dans le passé pour un avenir meilleur

Pour un homme sage, hier est mort, demain est en vue de l'esprit, la véritable vie c'est celle qui a sous mes pieds, c'est donc l'instant présent. Le synonyme du mot présent, c'est « cadeau » ; l'instant présent est donc un cadeau et mérite toute notre attention. Ce que vous construirez dans l'avenir, ne fera que produire en détail ce que vous imaginez aujourd'hui. Si vous voulez savoir celui que vous deviendrez dans les années à venir, tout dépendra de ce que vous faites maintenant. Aussi, quelqu'un a dit : ce à quoi on accorde plus du temps, on finit par le devenir. Ce que vous êtes aujourd'hui est le résultat de ce que vous avez fait jusqu'à hier.

7.Le changement commence ici

La vie est comme un long voyage avec beaucoup d'étapes. Pour les connaisseurs du voyage, on ne peut voyager qu'avec ce qui vous servira pendant le trajet. Le changement, c'est prendre ce qui vous sera utile. Vous êtes le seul à savoir ce qui vous est utile et inutile. Dans la vie sur la terre, rien ne reste immuable. Le monde est soumis à une grande loi universelle : celle de l'impermanence. Tout dans le monde est soumis au changement. Rien n'est stable, permanent, définitif. La plupart des gens désirent le changement, alors que ce qu'ils ont besoin d'abord, c'est d'être responsable. Le changement vous positionne pour l'avenir. Si vous voulez réussir ou échouer le reste de votre vie, tout dépend des changements effectués.

8. La richesse de la vie

Chaque événement heureux ou malheureux dans notre vie de tous les jours ne doit pas nous empêcher de voir la vie du bon côté. Car il y a toujours une leçon qui nous permet de mieux vivre dans l'avenir. Ce sont ces leçons qui enrichissent notre vie. C'est ce qui rend notre existence riche. Cette richesse que chacun de nous a accumulée peut-être transmise d'une personne à une autre et d'une génération à une autre. C'est pour que ceux qui viendront après nous ne puissent pas perdre le temps que nous avons perdu et qu'ils ne tombent pas dans le même piège que nous. Qu'ils puissent avoir de bons fondements. C'est ce que j'appelle la richesse de la vie. La richesse n'est pas seulement ce que nous avons de tangible. La richesse n'est pas ce que l'on a dans les mains, mais celle qu'on a dans le cœur et dans la tête et qui produit ce que l'on a dans les mains. Cette richesse n'est utilisable que de son vivant.

9. Devenir autorité morale

Ce livre tient à présenter ce concept de deux mots. Comme le disait Dede Kasay lorsque le concept est erroné les résultats seront infailliblement erronés. Tout commence par la définition. Cette réflexion devrait inspirer les leaders et l'opinion publique à utiliser les mots dans leur vrai sens pour éviter des abus de langage. Elle est l'une des photographies de la situation du leadership. Elle accompagne le changement plutôt que de plonger dans la critique ou dénonciation. Nous reconnaissons qu'il y a des avancées. Ce n'est pas une prise de position catégorique sur la politique et le leadership. Tout en sachant que les leaders politiques sont des humains comme les autres avec des défauts et qualités.

Notes

Notes

Notes

Notes